D1511191

A Bonnie y a Jeremy;
y a todos los que vengan después.

A los padres

Los dos leemos es la primera serie de libros diseñada para invitar a padres e hijos a compartir la lectura de un cuento, por turnos y en voz alta. Esta "lectura compartida"—una innovación que se ha desarrollado en conjunto con especialistas en primeras lecturas—invita a los padres a leer los textos más complejos en las páginas a la izquierda. Luego les toca a los niños leer las páginas a la derecha, que contienen textos más sencillos, escritos específicamente para primeros lectores.

Leer en voz alta es una de las actividades que los padres pueden compartir con sus hijos para ayudarlos a desarrollar la lectura. Sin embargo, *Los dos leemos* no es sólo leerle *a* su niño; sino, leer *con* su niño. *Los dos leemos* es más poderoso y efectivo porque combina dos elementos claves de la enseñanza: "demostración" (el padre lee) y "aplicación" (el niño lee). El resultado no es solamente que el niño aprende a leer más rápido, ¡sino que ambos disfrutan y se enriquecen con esta experiencia!

La mayoría de las palabras que aparecen en las páginas del niño le resultarán conocidas. Otras pueden ser fácilmente identificadas por sus sílabas abiertas. Si hay una palabra con cierto grado de dificultad, ésta aparecerá primero en el texto que lee el adulto (**en negritas**). Señalar estas palabras mientras lee ayudará a que el niño se familiarice con éstas. Sería más útil si usted lee el libro completo y en voz alta la primera vez, y luego invite a su niño a participar en una segunda lectura. Note además que el ícono "lee el padre" 👓 precede al texto del adulto, mientras que el ícono "lee el niño" 👓 precede al texto del niño.

Los dos leemos es una manera divertida y fácil de animar y ayudar a su niño a leer, y una maravillosa manera de que su niño disfrute de la lectura para siempre.

Los dos leemos: El océano

Copyright del texto © 2001 por Sindy McKay
Uso de fotografías suministradas por PhotoDisc
(Digital Imagery © copyright 2001 PhotoDisc, Inc.)
Uso de otros imágenes suministrados por Corbis Images
Adaptación copyright ©2006 Treasure Bay, Inc.
Adaptado al español por Diego Mansilla
Todos los derechos reservados

We Both Read® es una marca registrada de Treasure Bay, Inc.

Publicado por Treasure Bay, Inc.
40 Sir Francis Drake Boulevard
San Anselmo, CA 94960 USA

Impreso en Singapur
Printed in Singapore

Library of Congress Control Number: 2006901321

Cubierta dura (Hardcover)   ISBN-10: 1-891327-85-2
Cubierta dura (Hardcover)   ISBN-13: 978-1-891327-85-8
Cubierta blanda (Paperback) ISBN-10: 1-891327-86-0
Cubierta blanda (Paperback) ISBN-13: 978-1-891327-86-5

Los Dos Leemos™
We Both Read® Books
USA Patente No. 5,957,693

Visítenos en:
www.webothread.com

LOS DOS LEEMOS™

El océano

por Sindy McKay
adaptado al español por Diego Mansilla

TREASURE BAY

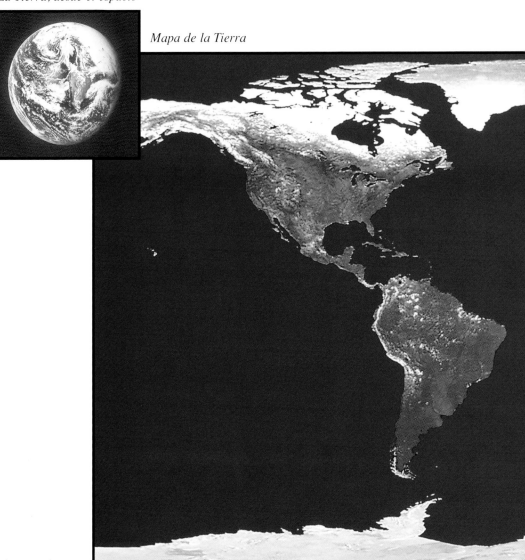

La Tierra, desde el espacio

Mapa de la Tierra

Imagina que eres un extraterrestre. Miras a la **Tierra** desde el espacio. ¿Qué ves?

¡Agua! Ves muchísima agua. La mayor parte del agua está en los **océanos** del planeta.

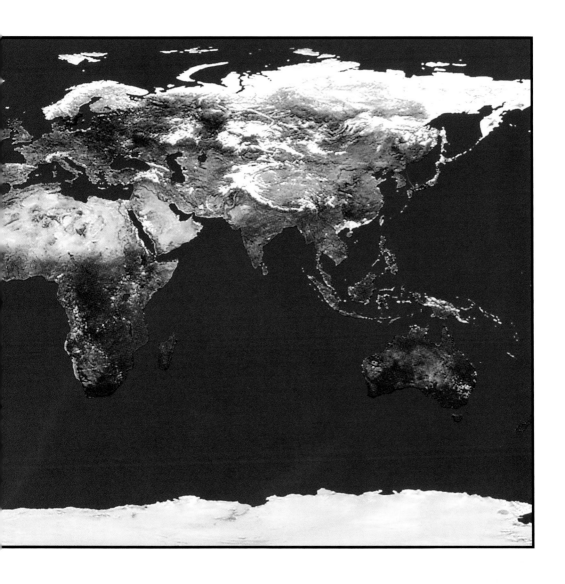

Hay mucha más agua que tierra en el planeta. ¡Toda la parte de tierra del planeta cabe tres veces en los océanos!

Hay cuatro grandes océanos en el planeta Tierra. Son el **Pacífico**, el Atlántico, el Índico y el Ártico. Hay también muchos mares más pequeños.

Los océanos y la mayoría de los mares están conectados. Son una gran masa de agua dividida por grandes porciones de tierra llamadas continentes.

El **Pacífico** es el océano más grande. Puedes navegar en él muchos días sin ver tierra.

Arrecife en el Mar Rojo

Ballena jorobada

Al mirar al océano vemos una enorme superficie de agua. Pero bajo el agua hay un mundo maravilloso, lleno de grandes valles y montañas, cavernas oscuras y coloridos arrecifes de coral. También hay una gran cantidad de plantas y **animales** de todos los tamaños, desde el pequeño *krill* hasta la enorme **ballena**.

En el océano hay animales muy pequeños, tan chiquitos que no se pueden ni ver. También hay animales muy grandes. ¡Las **ballenas** son los **animales** más grandes del mundo!

Los seres vivos del océano se pueden dividir en tres grupos principales. El primer grupo se llama plancton e incluye las plantas y animales que se **mueven** con las corrientes marinas o las mareas.

Muchas de estas formas de vida están en la costa. Algunas son tan pequeñas que sólo se ven con un microscopio.

Esta clase de animales no son muy fuertes. El agua los empuja. Así se **mueven** de un lado a otro.

 Hay otro grupo de animales y plantas: los que viven en el fondo del mar. Están a lo largo y a lo ancho del océano, desde las costas hasta las partes más profundas.

A este grupo pertenecen formas de vida tan distintas como el coral, las esponjas, las anémonas, las **estrellas de mar**, los cangrejos, las almejas y las ascidias.

Ésta es una **estrella de mar**. Es un animal marino, pero no es un pez.

La almeja gigante que se ve en esta **fotografía** tiene dos conchas unidas por músculos grandes y fuertes. ¡Por eso es tan difícil abrir una almeja!

Éste es un abanico de mar. Parece una planta, pero es un animal. Hay otro animal en esta **fotografía**. ¿Puedes encontrarlo?

Pez doncella de lo alto

⚲ El tercer grupo principal se compone de plantas y animales que nadan libremente. A este grupo pertenecen las especies más conocidas del mundo marino.

Las ballenas, los **tiburones**, las mantas rayas, las tortugas de mar y más de 20,000 **diferentes** especies de peces pertenecen a este grupo.

Tiburón ballena y buzos

Hay **diferentes** clases de **tiburones**. El más grande se llama tiburón ballena, y es el pez más grande del océano.

 Algunos peces nadan juntos, en grandes grupos llamados cardúmenes. En general, los peces que forman **cardúmenes** son presa de otros peces más grandes.

No todos los peces nadan en **cardúmenes**. A este pez le gusta comerse a otros peces.

La mayoría de los animales del océano pueden respirar debajo del agua. Pero algunos animales tienen que subir a la superficie para respirar.

Las ballenas y los **delfines** son mamíferos como nosotros, y se ahogan si no pueden subir a la superficie para respirar.

A los **delfines** les gusta jugar. A todos nos encanta verlos nadar y saltar.

Las **tortugas** marinas pasan la mayor parte del tiempo en el agua y sólo suben a la superficie para respirar. Salen del mar solamente para poner huevos bajo la arena en la playa. Las pequeñas tortuguitas nacen dos meses después.

La **tortuga** marina bebé nace bajo la arena. Ella sube hasta la superficie. Luego va hacia el mar.

Hay muchos animales que no viven debajo del océano pero dependen de él para vivir. Por ejemplo, las aves y los mamíferos marinos que viven en la costa o cerca de ella.

Las aves marinas tienen diferentes formas y tamaños. El **pingüino** es una de las más raras.

Los **pingüinos** no vuelan, a diferencia de la mayoría de las aves. Ellos usan sus alas para nadar. ¡Parece que vuelan debajo del agua!

Los leones marinos, las morsas, las **nutrias** de mar y las focas son mamíferos que pasan gran parte de su vida en el océano. Se mueven despacio y torpemente en la tierra, pero en el agua son rápidos y elegantes.

La mayoría de las **nutrias** de mar duermen boca arriba. Todas las nutrias de mar comen boca arriba.

La ciudad de Marsella, en Provence, Francia

Mucha gente también depende del mar. Desde hace miles de años, los humanos han construido sus ciudades cerca del agua para beneficiarse de su infinita riqueza.

La gente usa el mar de muchas maneras. Para sacar comida. Para moverse de un lugar a otro. ¡Y también para divertirse!

La mayoría de la gente, cuando piensa en comida que viene del mar piensa en pescado. Pero hay muchas otras clases de alimentos que provienen del mar. ¡En algunos países las **algas marinas** se usan para hacer platillos deliciosos!

Un hombre recoge algas marinas

 ¿Comes helado? Entonces tal vez comiste **algas marinas**. Una clase de alga marina se usa con frecuencia para hacer más espeso el helado.

 Mover personas y cosas a través del vasto océano puede ser un verdadero desafío. Los seres humanos han construido barcos y embarcaciones de todos los tamaños, desde los enormes **barcos de carga** hasta los refinados barcos de pasajeros, pasando por los elegantes veleros.

◈ Los **barcos de carga** son barcos grandes que mueven cosas de un lado a otro. Pueden llevar comida, juguetes y hasta aviones.

(GO) Antes no existían los **cruceros**. Eran los barcos veleros los que cruzaban el océano. De vez en cuando uno de ellos terminaba hundido en el fondo del mar.

Algunos piensan que estos viejos barcos hundidos están llenos de tesoros. ¿Piensas que éste tiene algún tesoro abordo?

Los **cruceros** llevan personas a través del océano. La gente que toma estos barcos casi siempre ama el mar. ¡Y les encanta divertirse!

Hay muchas maneras de divertirse en el mar. ¡Puedes nadar, hacer surf, navegar a vela, bucear, coleccionar **conchas marinas** y muchas cosas más!

Una niña escucha una concha marina

Hay **conchas marinas** de todos los tamaños.
Algunas son muy pequeñas, otras muy grandes.
Hay personas que creen poder escuchar el mar
dentro de las conchas.

La práctica del buceo es una buena manera de ver lo que pasa bajo el mar. Es maravilloso descubrir un mundo tan increíble apenas debajo de la superficie del mar.

Mucha gente pesca para comer. Otras personas lo hacen porque les gusta. Es una manera de pasar un buen rato con amigos o en familia.

Lamentablemente los seres humanos también usan el mar como basurero. Basura, deshechos de cloacas y tóxicos, todo va a parar al mar.

La gente pensaba que toda esta **contaminación** no afectaría al océano, pero ahora sabemos que sí lo hace.

 Tú puedes ayudar a reducir la **contaminación.**

Puedes investigar más acerca del océano.

Puedes compartir todo lo que sabes con otras

personas.

Cuanto más sabes del océano, más aprecias su importancia. Es uno de los recursos más preciosos. Sin el océano, no existiría vida en la tierra.

Si ayudamos a cuidar el océano, el océano nos ayudará a cuidar de nosotros mismos.

Si te gustó **El océano,** ¡aquí encontrarás
otro libro *Los dos leemos*™ que también disfrutarás!

Cuando Tony se enferma, le dicen que tiene que estar
en casa y curarse. ¡Pero él tiene que lanzar en un
importante juego en unos días! En este libro sencillo,
Tony enfrenta las mismas frustraciones y desencantos
que sufren todos los niños cuando tienen que
quedarse en casa por un resfriado. Mientras Tony
hace todo lo posible por mejorarse, comprueba que
una enfermedad es más fácil de enfrentar cuando
tenemos el apoyo de nuestros familiares y amigos.